Carpe diem

Carpe diem, cueille la journée offerte sans te soucier du lendemain.

Me voilà projetée dans l'aventure du moment présent.
Accueillir la journée, un nouveau rituel salvateur.
Reléguer la « Covid-19 » ailleurs.
Dompter le virus.

Carpe diem
L'espace se rétrécit.
Le confinement, l'isolement, le masque, le couvre-feu,
le désespoir de la solitude pour certains.
L'angoisse de l'inconnu.

La routine s'installe, les jours se succèdent, le virus se renforce.

Mon refuge, le carnet noir « Moleskine ».
J'apprivoise mon bic qui devient mon compagnon de route
dans cette nouvelle aventure.
Petit bonheur de suivre la ligne qui devient dessin.

Carpe diem
Chaque jour, mon bic propose et retient le jour.
Le rituel est source d'inspiration.
Véritable réconfort.

Covid-19. 13 mars 2020

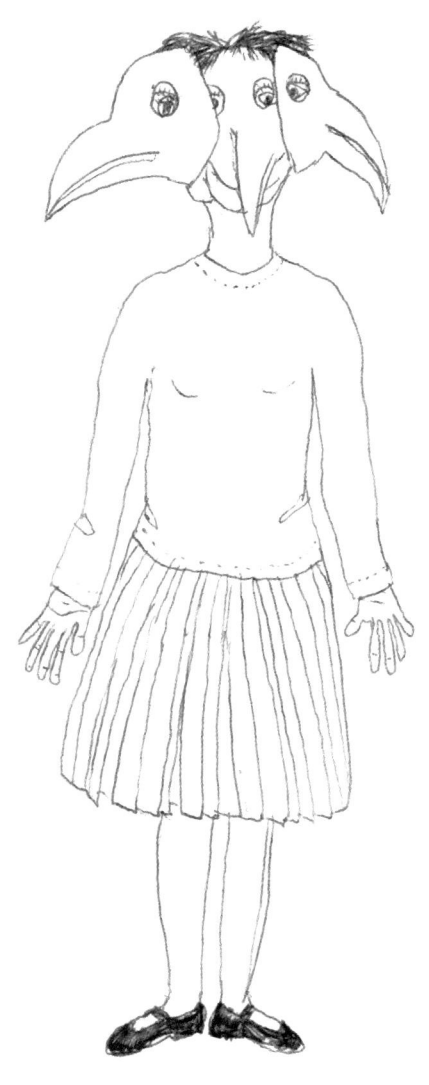

Inadéquate ! 15 mars 2020

Nouvelles mesures : ne pas mettre son doigt dans son nez.   17 mars 2020

Couple de confinés. 18 mars 2020

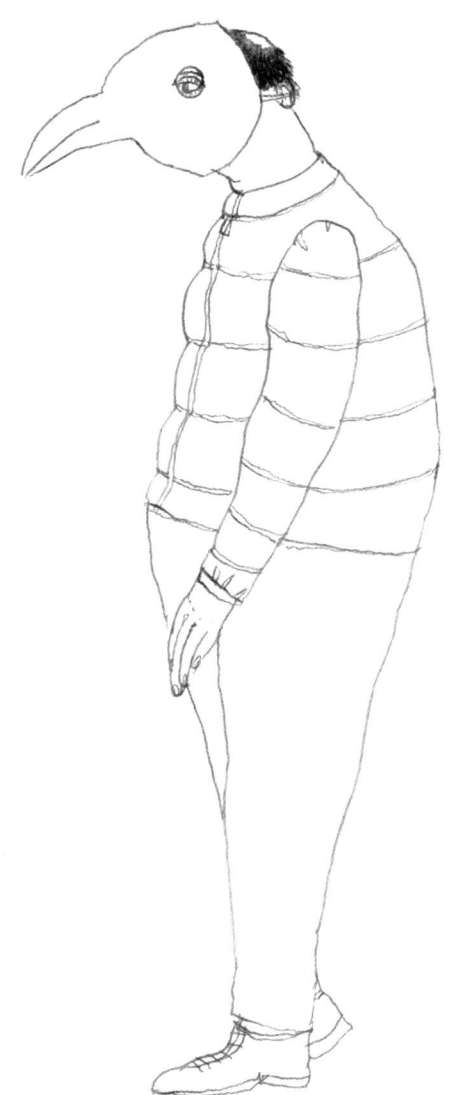

« ? »   20 mars 2020

Premier confiné mort d'ennui. 22 mars 2020

Trois confinés devant les informations du soir. 23 mars 2020

« *Tu es où ?* » 24 mars 2020

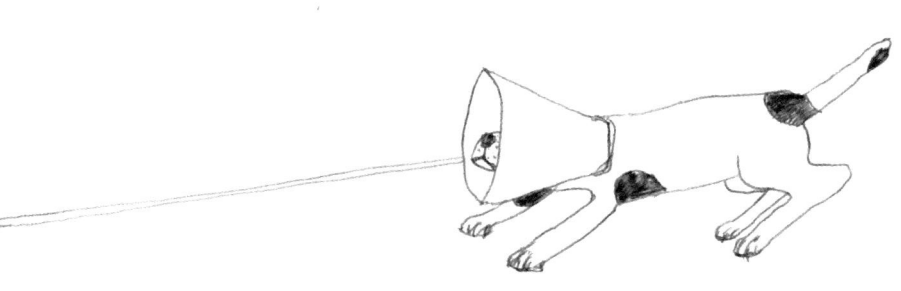

« *Tu dois prendre l'air !* »   25 mars 2020

« Tu n'es tout de même pas malade ? »   26 mars 2020

« *Avec qui t'es-tu encore confinée ?* »   28 mars 2020

Petit moment d'impatience. 30 mars 2020

Songe d'évasion.   1er avril 2020

Panique de la contagion. 2 avril 2020

Vingtième jour de confinement. 4 avril 2020

Un confiné après avoir pratiqué l'aspirateur. 5 avril 2020

Il fait magnifique, on est restés dehors toute la journée.   6 avril 2020

Soirée pas tout à fait ordinaire. 7 avril 2020

Famille de confinés en flânage.   8 avril 2020

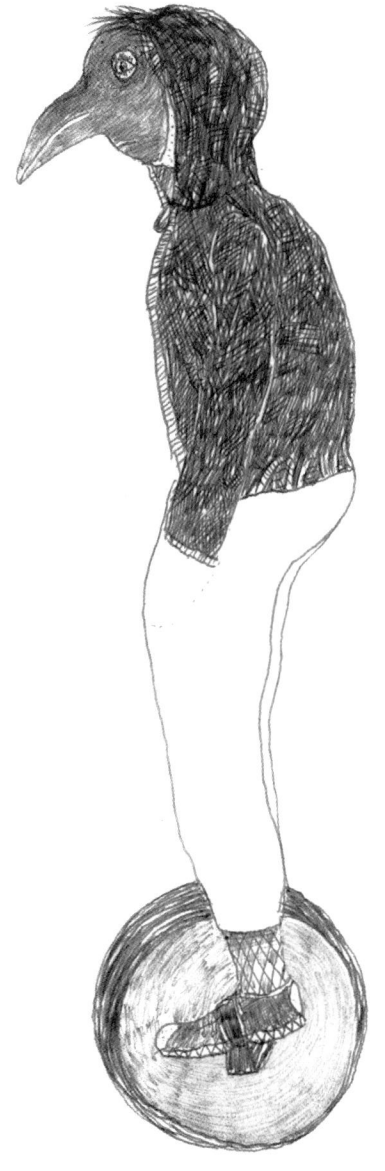

Divine oisiveté. 10 avril 2020

Joyeuses Pâques. 12 avril 2020

Lundi de Pâques, dérapage. 13 avril 2020

« *Tu me l'as déjà dit quatre fois.* »   14 avril 2020

Confinées en Chine.   18 avril 2020

Emmurés jusqu'à quand ? 19 avril 2020

Petite nostalgie du mois de Mai : « l'imagination au pouvoir ».   20 avril 2020

« *Le masque, ça me va. Je peux enfin tirer la gueule à l'aise.* »   21 avril 2020

« *Que dites-vous ?* »   25 avril 2020

« Chéri, tu trouves qu'on a réussi notre confinement ? »   27 avril 2020

On n'a que le plaisir qu'on se donne.   2 mai 2020

Petite bouffée d'angoisse.
Bientôt première étape du déconfinement. 3 mai 2020

Première étape de déconfinement. 11 mai 2020

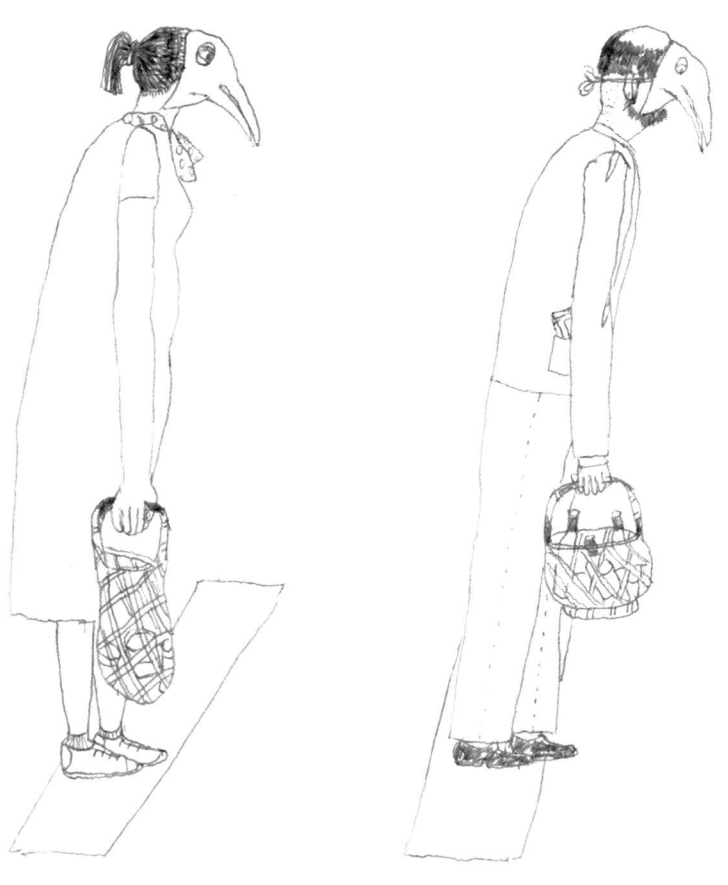

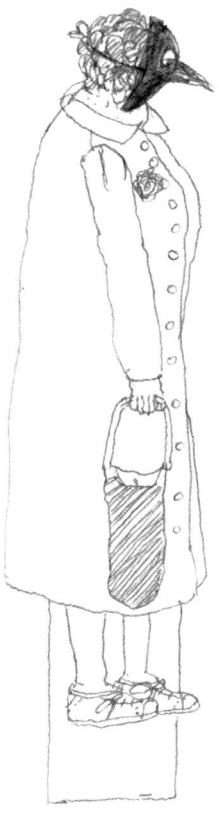

Mauvais rêve.   17 mai 2020

Réouverture des magasins. 19 mai 2020

Tentative de déconfinement. 21 mai 2020

Un confiné clandestin. 23 mai 2020

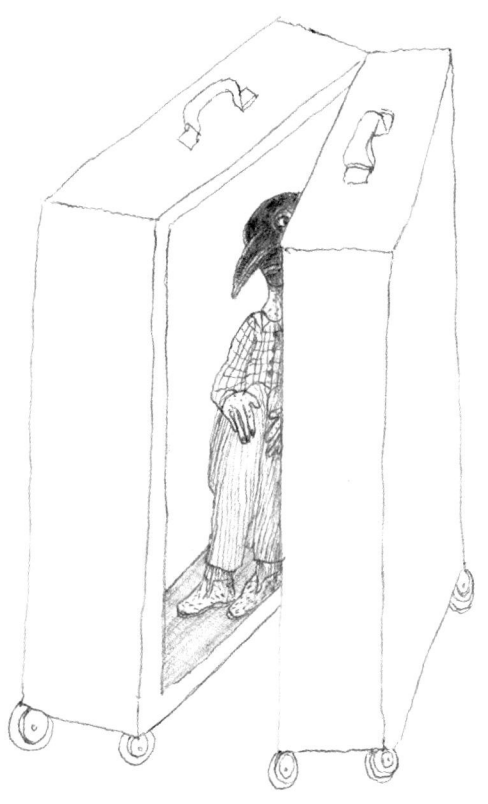

Un clandestin confiné.   24 mai 2020

Le charme discret du déconfinement.   26 mai 2020

Brochette de personnes à risque. 28 mai 2020

Dommages collatéraux.   1ᵉʳ juin 2020

Heureux voisinage.   4 juin 2020

Sauve qui peut.   10 juin 2020

La Chine reconfine. 13 juin 2020

La ballade du petit confiné.   16 juin 2020

Rappel, le plus important : rester prudent.   18 juin 2020

Jeux interdits.   19 juin 2020

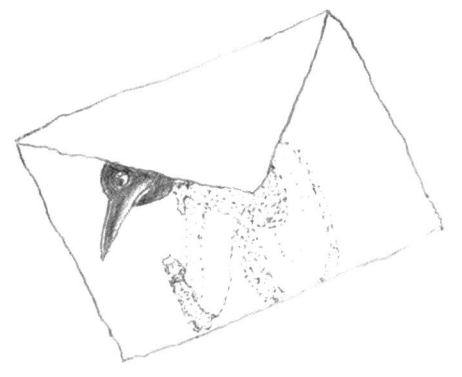

On voyagera par la poste.   25 juin 2020

est pas nécessaire d'espérer pour entreprendre ni de réussir pour persévérer.   27 juin 2020

« *Je vous trouve en bonne forme.* »   28 juin 2020

Réouverture des frontières. 6 juillet 2020

Effet secondaire. 9 juillet 2020

Retour des années folles.   10 juillet 2020

La nouvelle vague. 12 juillet 2020

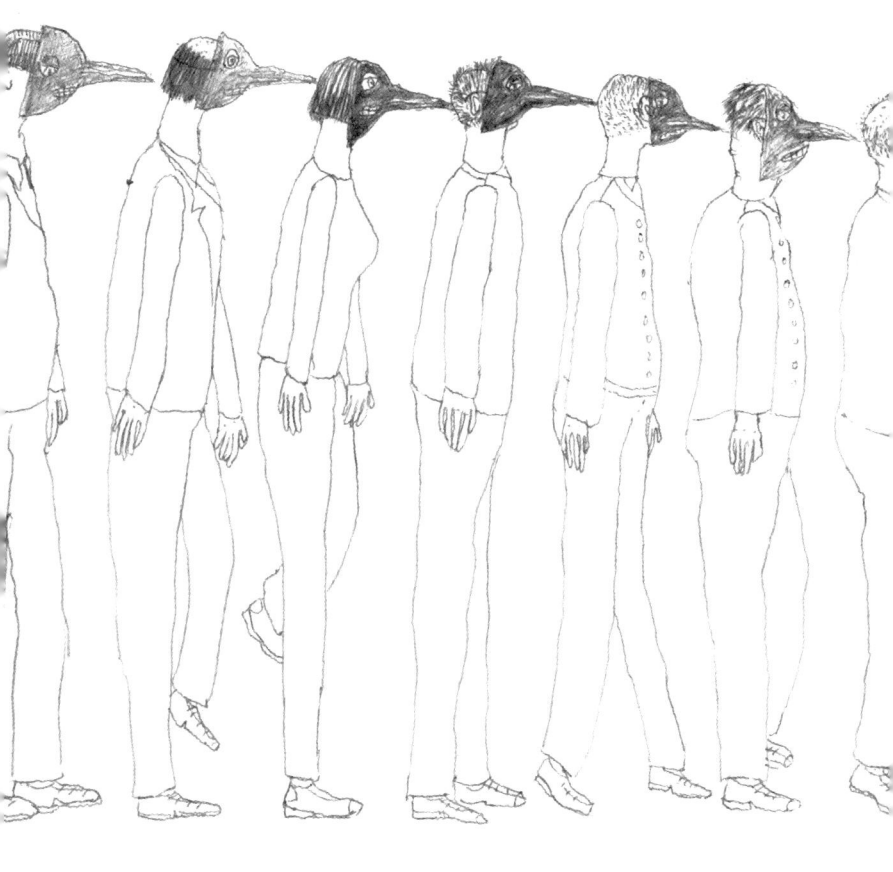

Décret : masque obligatoire.   14 juillet 2020

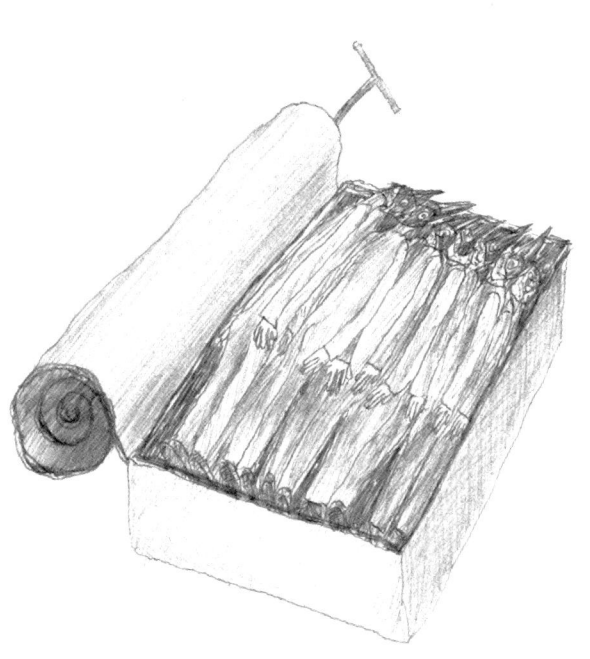

Rassemblement interdit. 15 juillet 2020

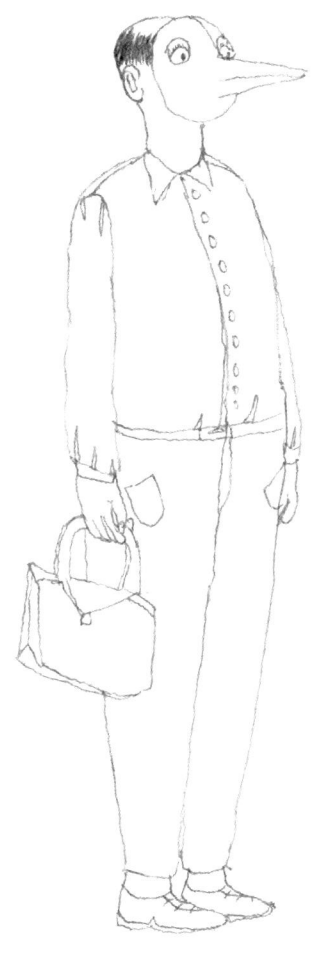

« *Vous pensez que c'est contagieux ?* »   20 juillet 2020

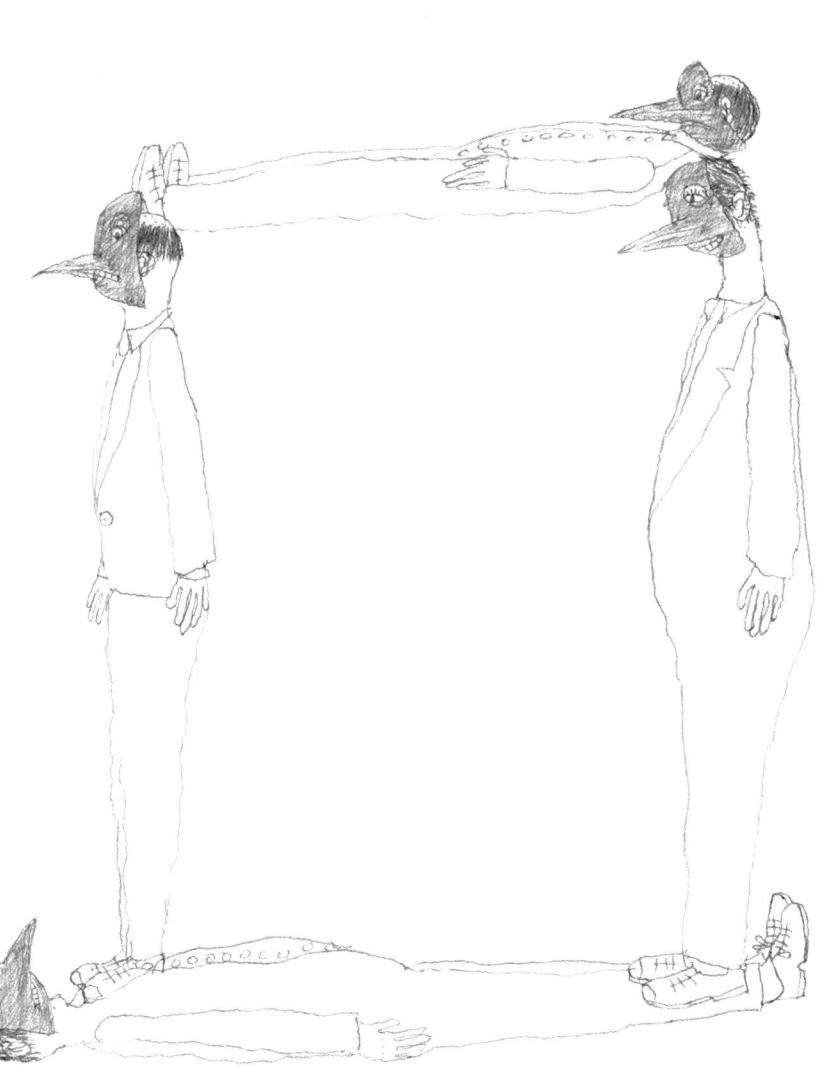

Toujours les distances sociales. 1er août 2020

À quoi penses-tu ?   5 août 2020

Tentative de départ en vacances. 7 août 2020

Bonne nouvelle, le vaccin Spoutnik. 12 août 2020

Combien de temps ça va durer cette histoire ?   18 août 2020

Peut-être juste un mauvais rêve. 22 août 2020

Petit rappel : le masque !   23 août 2020

« *On dit qu'il mute.* »   26 août 2020

Les frontières se referment. 28 août 2020

Vue de l'esprit.   2 septembre 2020

Désir de transgression. 3 septembre 2020

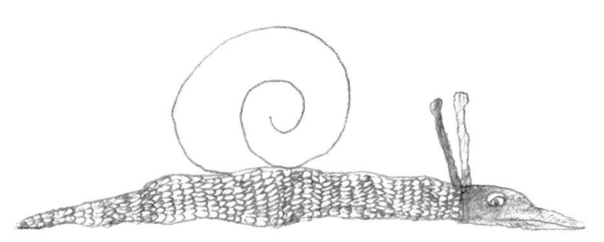

Panique d'être reconfiné. 4 septembre 2020

Zone verte.   10 septembre 2020

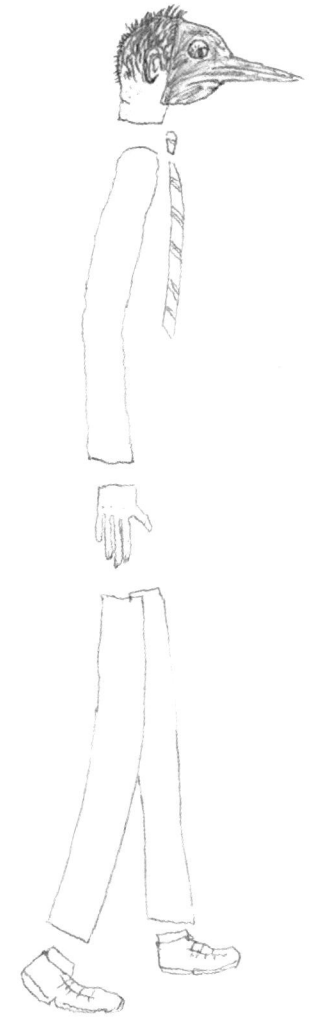

On entre en zone rouge. 12 septembre 2020

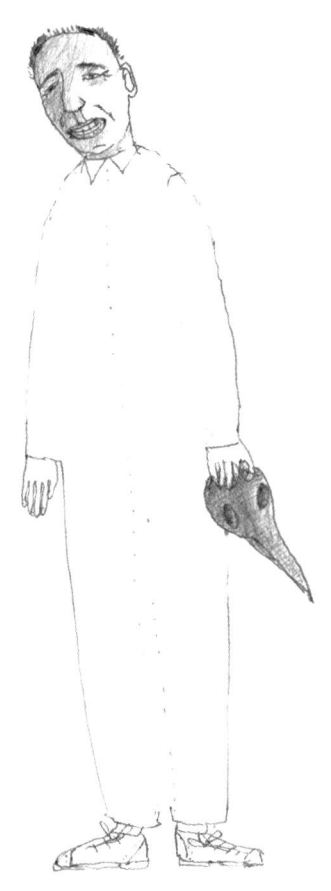

« C'est quoi ? Rien de grave, c'est un sourire. »   24 septembre 2020

À partir du 1ᵉʳ octobre, le masque sera à demi obligatoire.   25 septembre 2020

Mirage.   26 septembre 2020

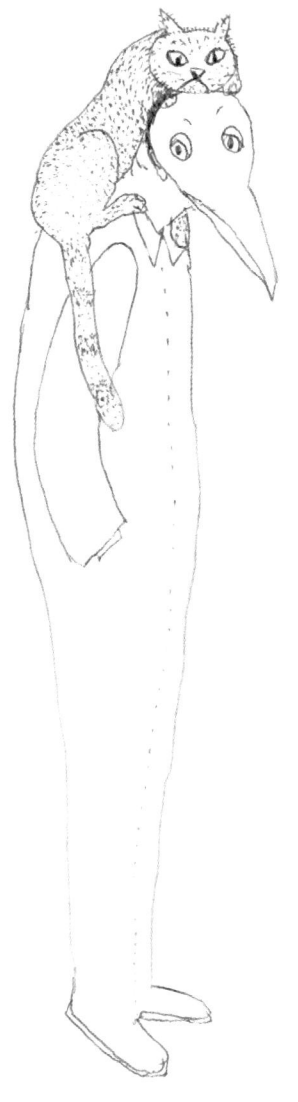

Petit réconfort. 27 septembre 2020

« *Haut les masques !* » 28 septembre 2020

Biodiversité. 29 septembre 2020

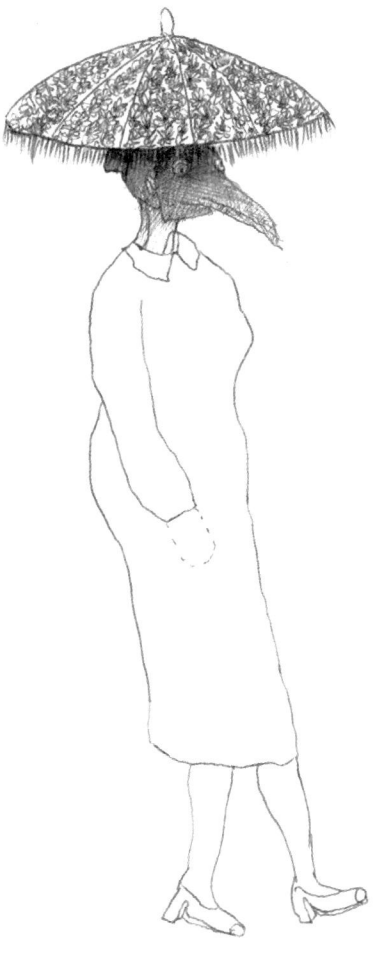

Paravirus. 1ᵉʳ octobre 2020

Toujours la bulle. 5 octobre 2020

Fragilisé. 6 octobre 2020

Petite bulle de tendresse.   7 octobre 2020

Courage ! 8 octobre 2020

Deux mille vingt. 11 octobre 2020

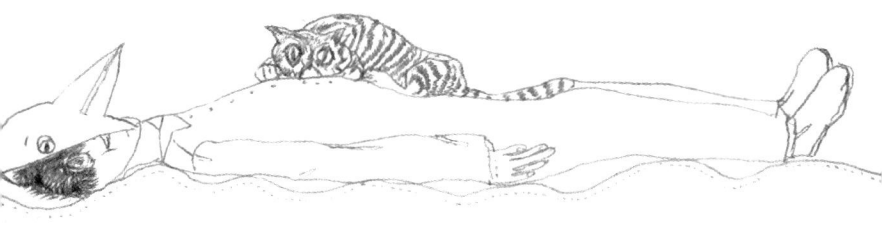

La deuxième vague est là.   12 octobre 2020

Transgression. 19 octobre 2020

« Combien de personnes avez-vous vues cette semaine ? »   20 octobre 2020

Courage, fuyons !   21 octobre 2020

Il faudra se reconfiner.   25 octobre 2020

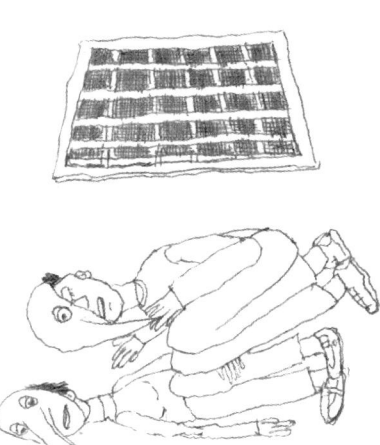

L'hiver sera rude.　　27 octobre 2020

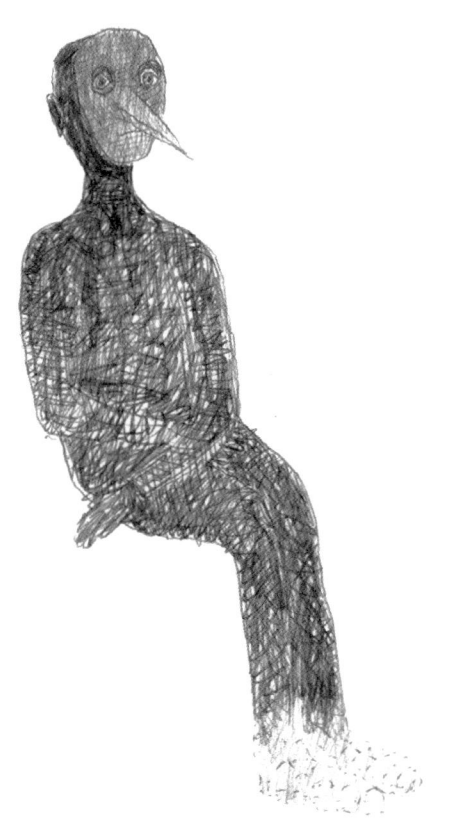

La perte du goût… 30 octobre 2020

Départ pour le reconfinement. 31 octobre 2020

Enfin confinés. 2 novembre 2020

« Quelle merveille, la nature ! » 3 novembre 2020

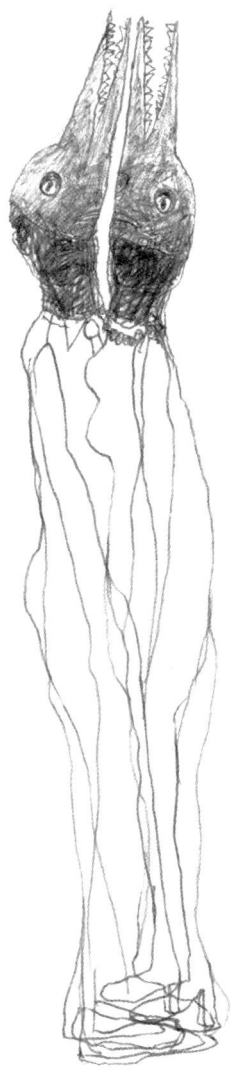

Proximité à temps plein.   4 novembre 2020

Le songe de Pénélope. 5 novembre 2020

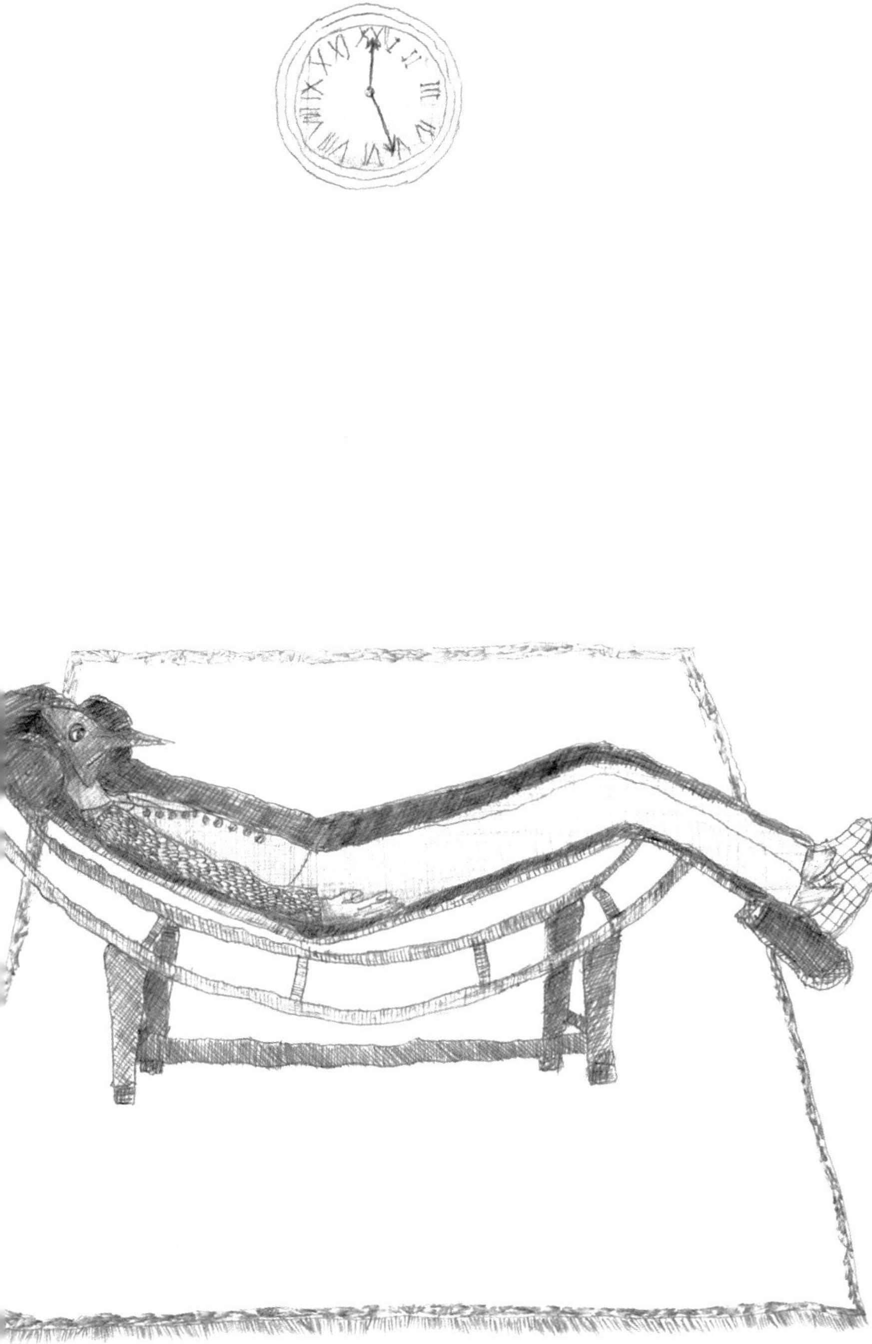

Autre solution : faire de la chaise longue Le Corbusier.   6 novembre 2020

Petite envie de meurtre. 7 novembre 2020

Perte du sens. 8 novembre 2020

Collection Hiver 2020-2021.   10 novembre 2020

Mais vous êtes fou ! 11 novembre 2020

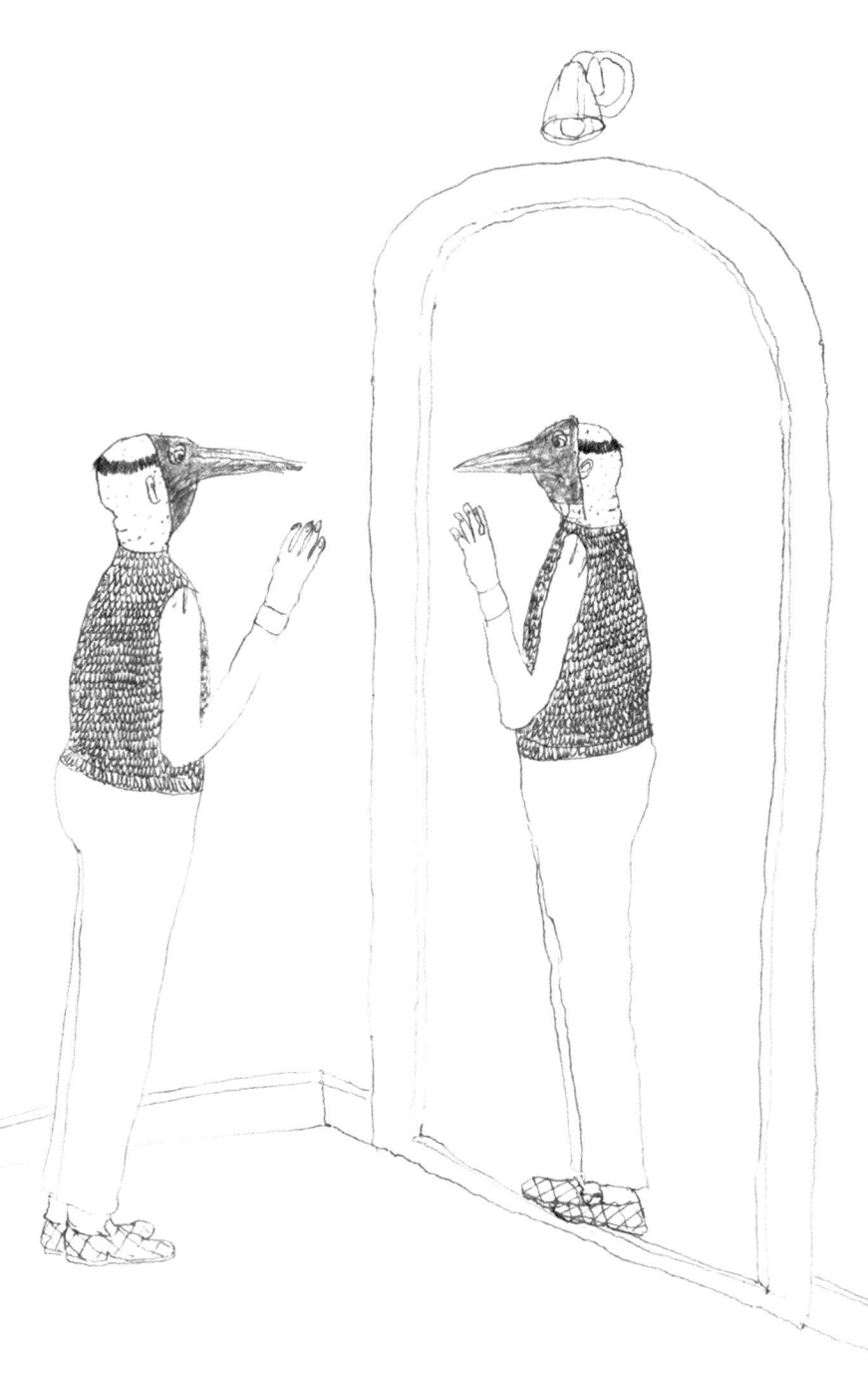

Exercice de socialisation.   13 novembre 2020

Autre solution : se laisser aller…   14 novembre 2020

Vaccin obligatoire. 16 novembre 2020

Coquetterie. 18 novembre 2020

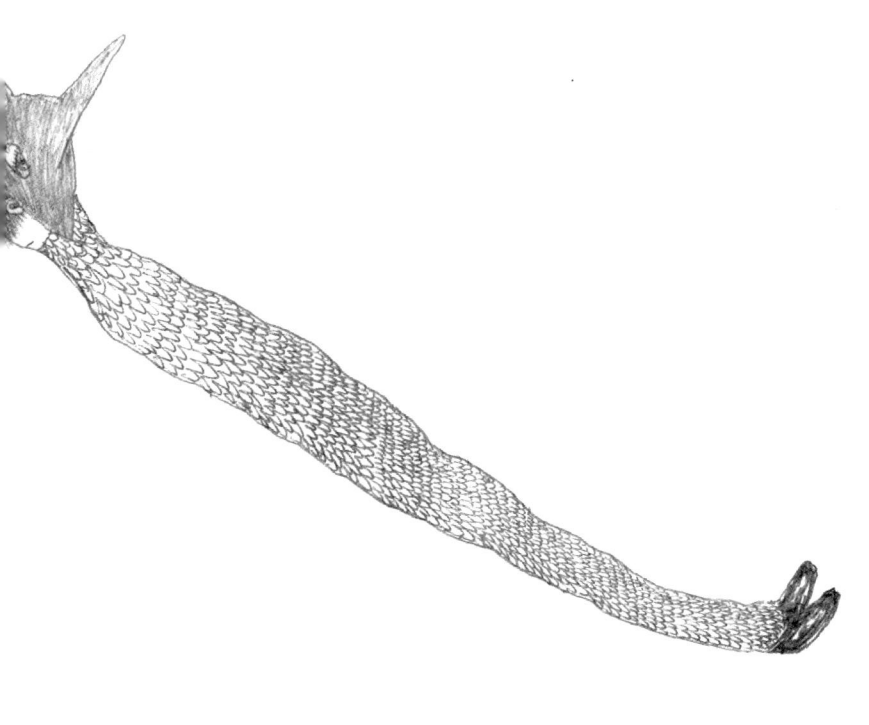

Peur de devenir mou. 19 novembre 2020

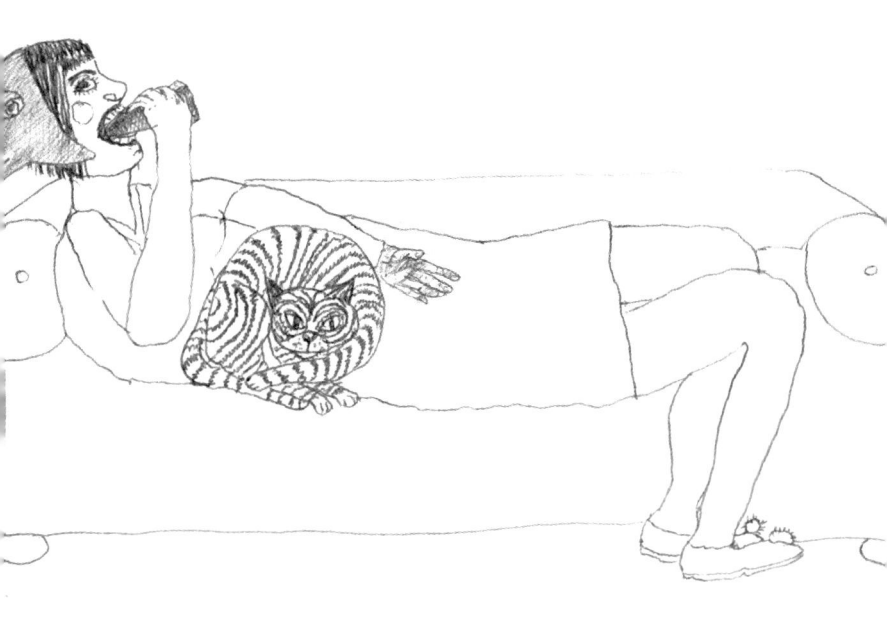

Délicieuse fusion.   20 novembre 2020

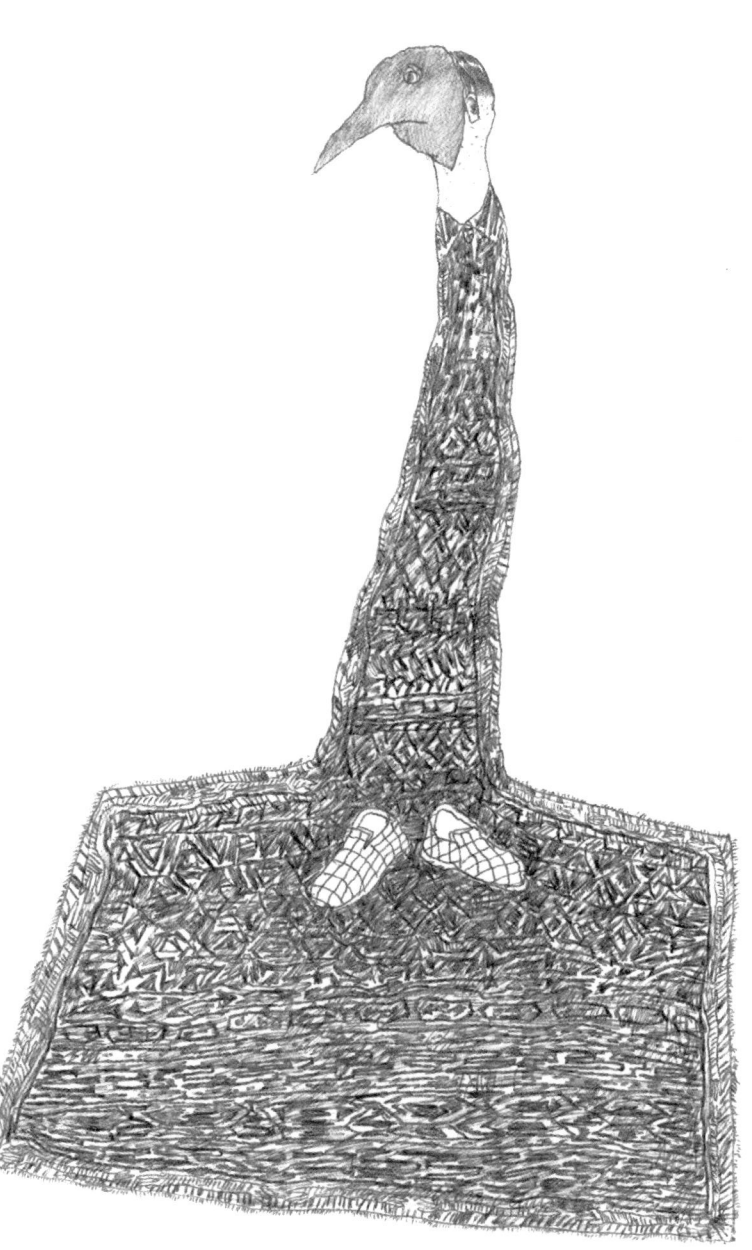

La fuite. 21 novembre 2020

Il paraît qu'il y a des complotistes.   22 novembre 2020

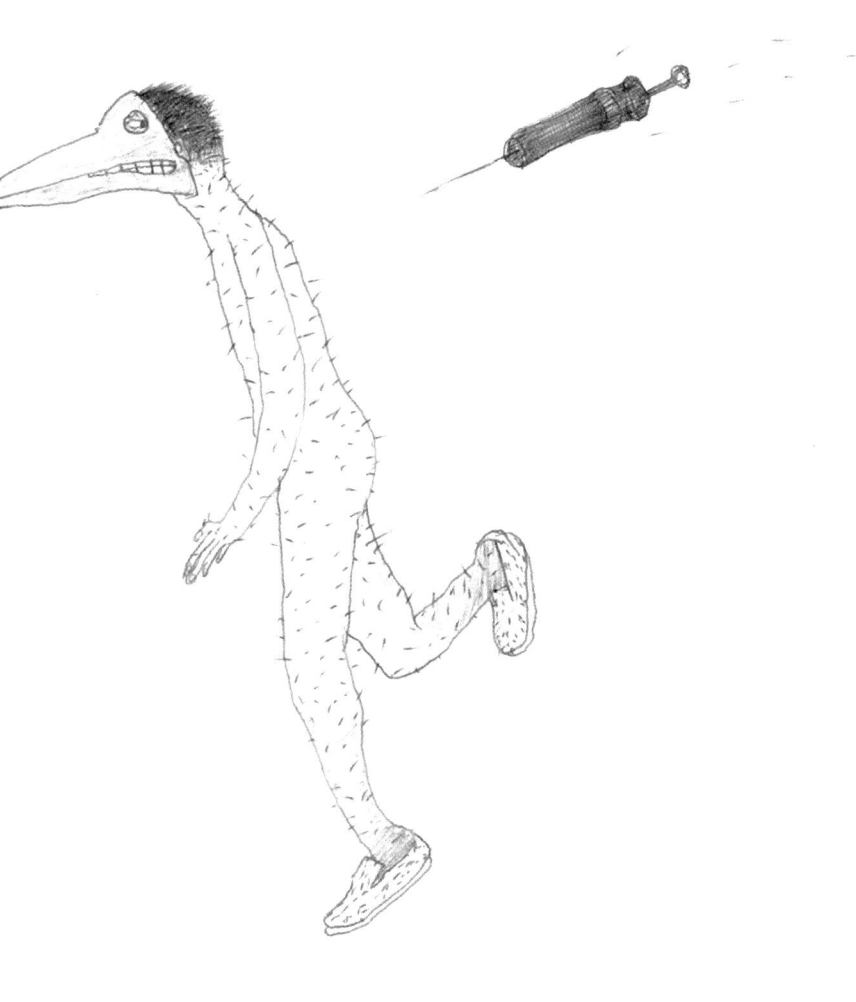

Panique des effets secondaires. 24 novembre 2020

La vague à l'âme.   26 novembre 2020

« Désolé, je dois appeler les flics. » 28 novembre 2020

Menace de troisième vague.   29 novembre 2020

No stress, juste la petite musique de la vie.   30 novembre 2020

La leçon.   2 décembre 2020

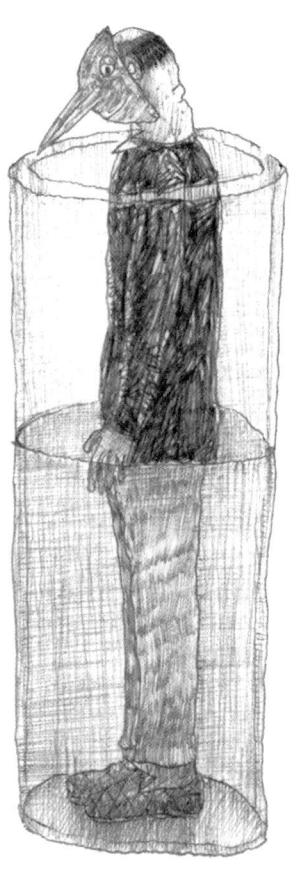

L'expérience du verre à moitié plein, à moitié vide.   3 décembre 2020

Groupe à risque. 4 décembre 2020

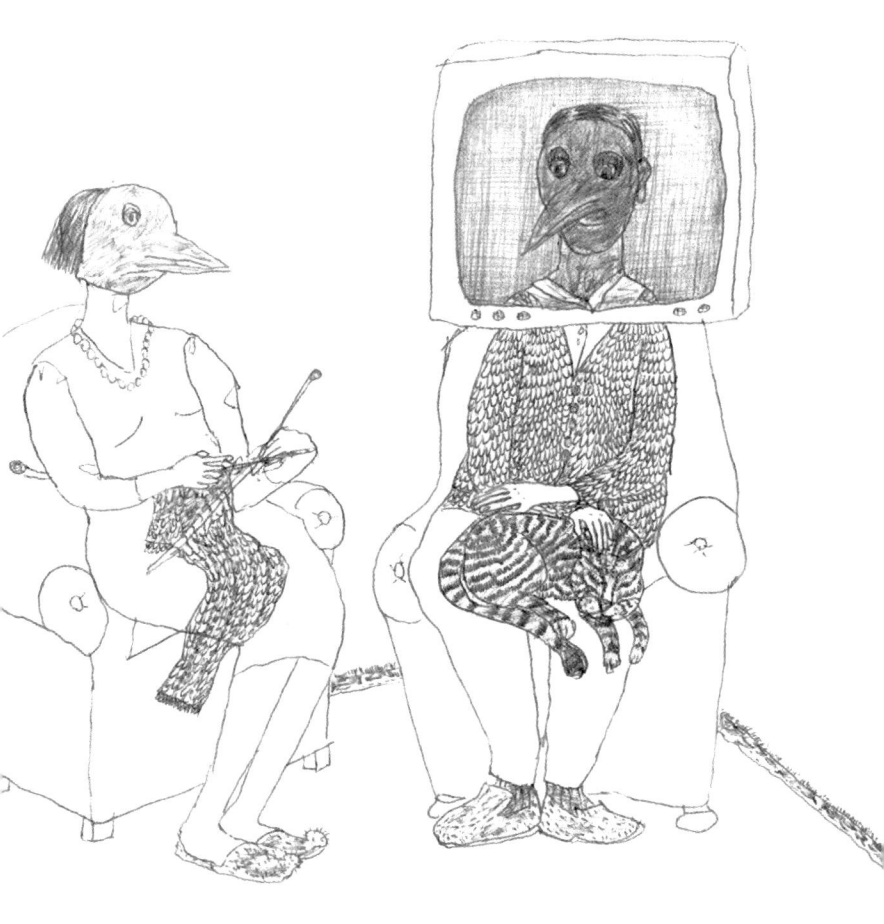

« Mon mari est enchanté, il est sur zoom toute la journée ! »   7 décembre 2020

Les journées se ressemblent fort. 11 décembre 2020

Help ! 15 décembre 2020

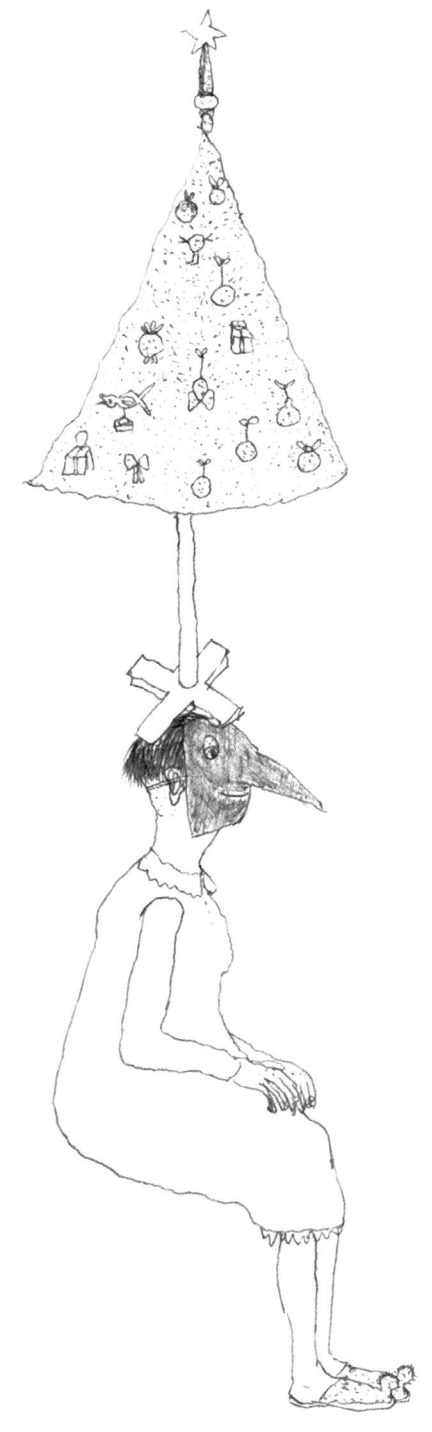

« *Personne ne m'enlèvera mon Noël !* »   16 décembre 2020

On peut en choisir un pour fêter Noël.   17 décembre 2020

Petite complicité. 18 décembre 2020

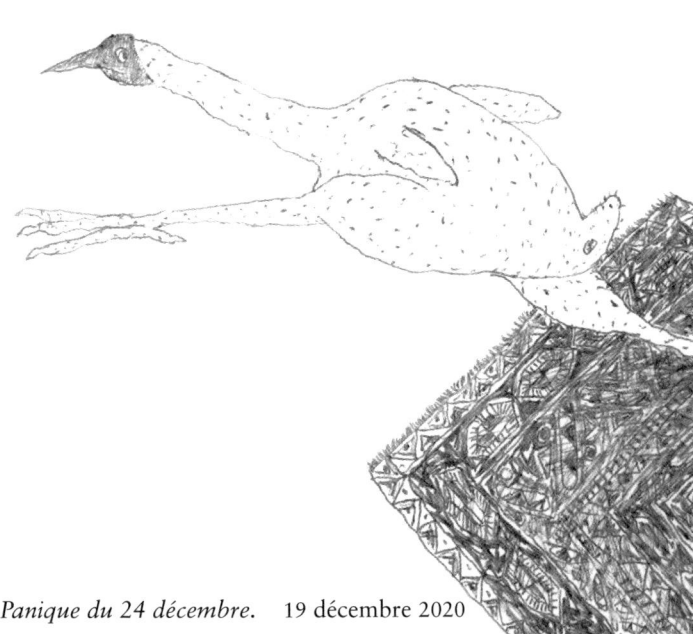

Panique du 24 décembre. 19 décembre 2020

Bercé par la troisième vague.   21 décembre 2020

Noël 2020, pas plus de quatre. 22 décembre 2020

« *Chéri !* »   23 décembre 2020

« *Les beaux villages de France me manquent.* »   26 décembre 2020

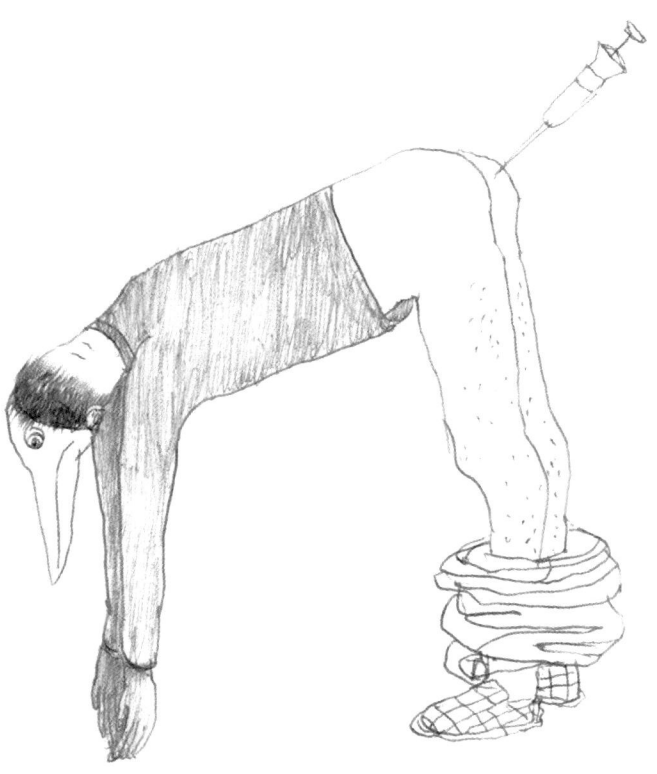

Sauvé !   27 décembre 2020

Bonne année ! 31 décembre 2020

Encore plus contagieux, il vient d'Angleterre…   2 janvier 2021

Restons raisonnable. 5 janvier 2021

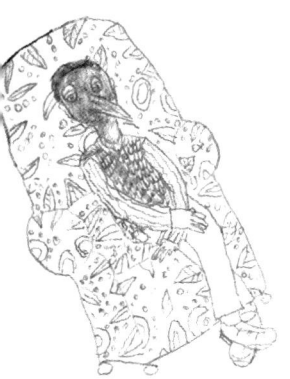

Entre amis.   6 janvier 2021

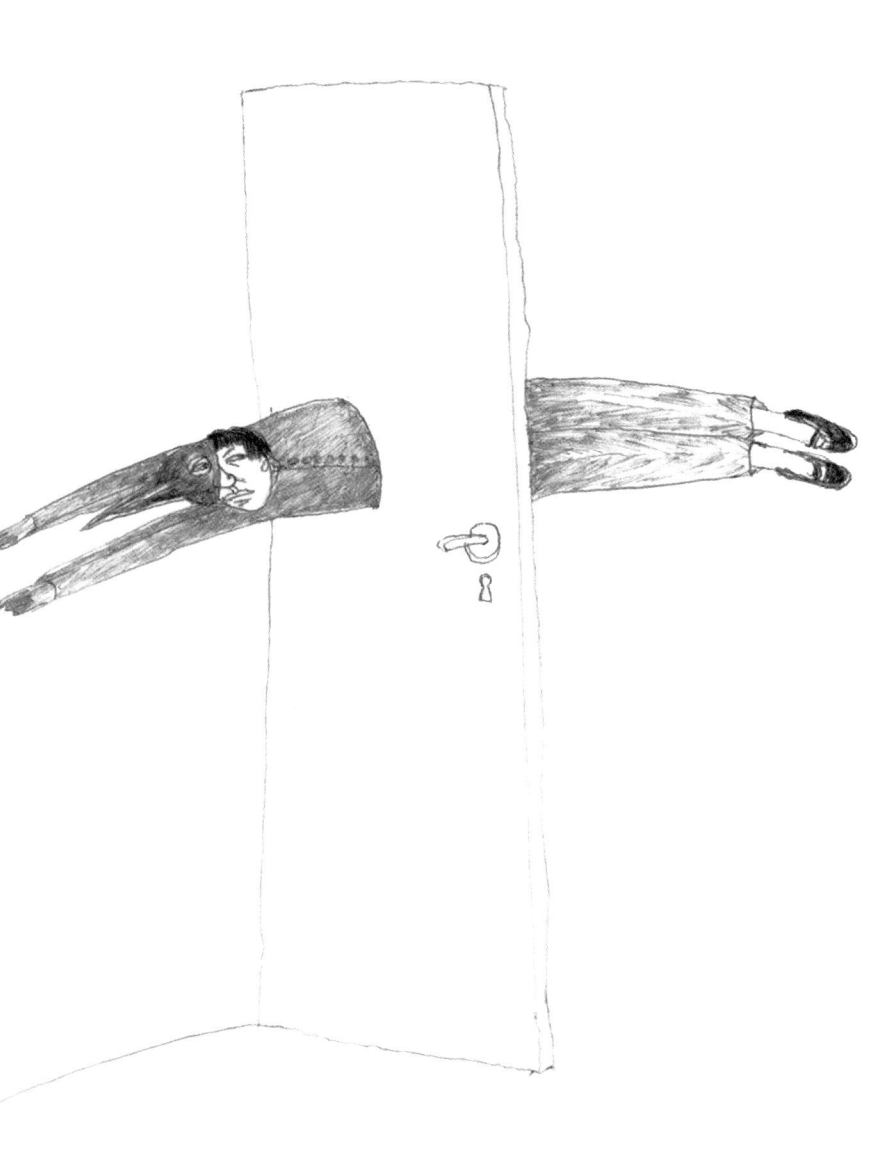

La Chine reconfine. 10 janvier 2021

Ils appellent cela un « cluster ».   12 janvier 2021

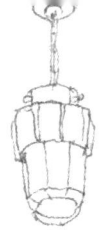

En France, 18h30. 13 janvier 2021

Autre solution : tomber amoureux d'un arbre.   18 janvier 2021

Ou faire comme si ça n'existait pas.   20 janvier 2021

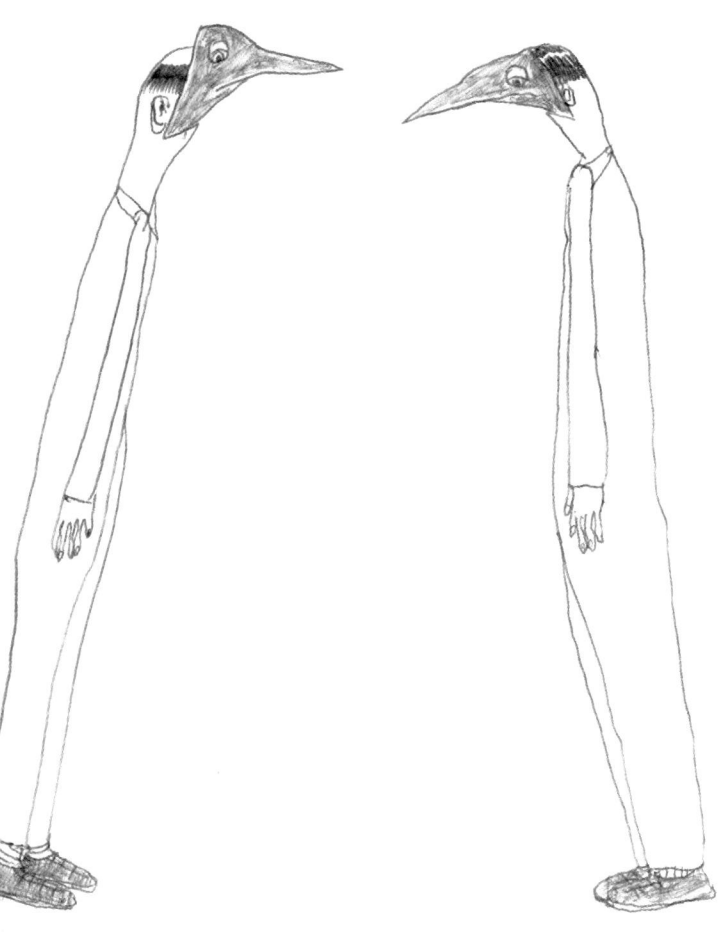

« *Vous allez bien ?* »   24 janvier 2021

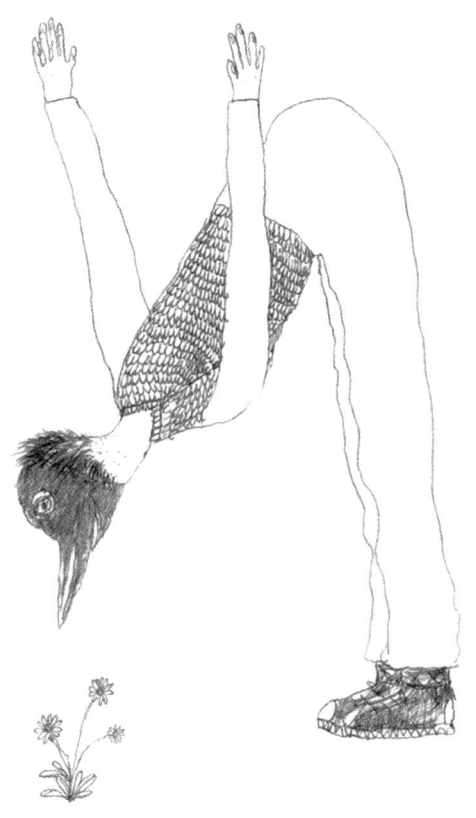

Le miracle. 26 janvier 2021

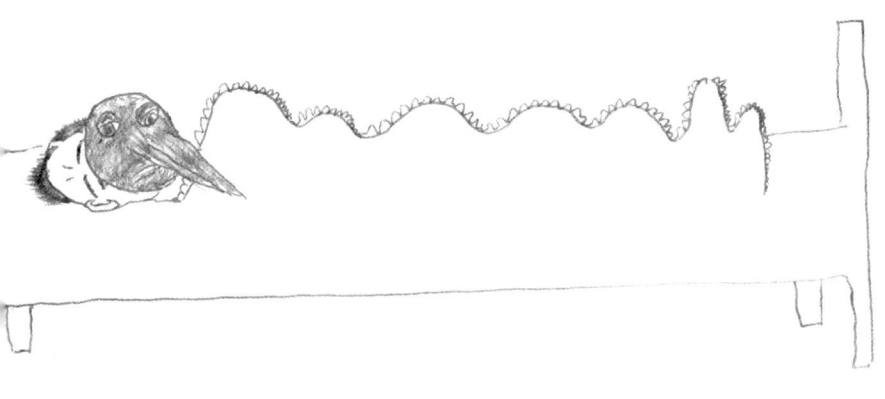

Ce n'est que la troisième…   27 janvier 2021

Le couvre-feu. 28 janvier 2021

Ou être somnanbule.   29 janvier 2021

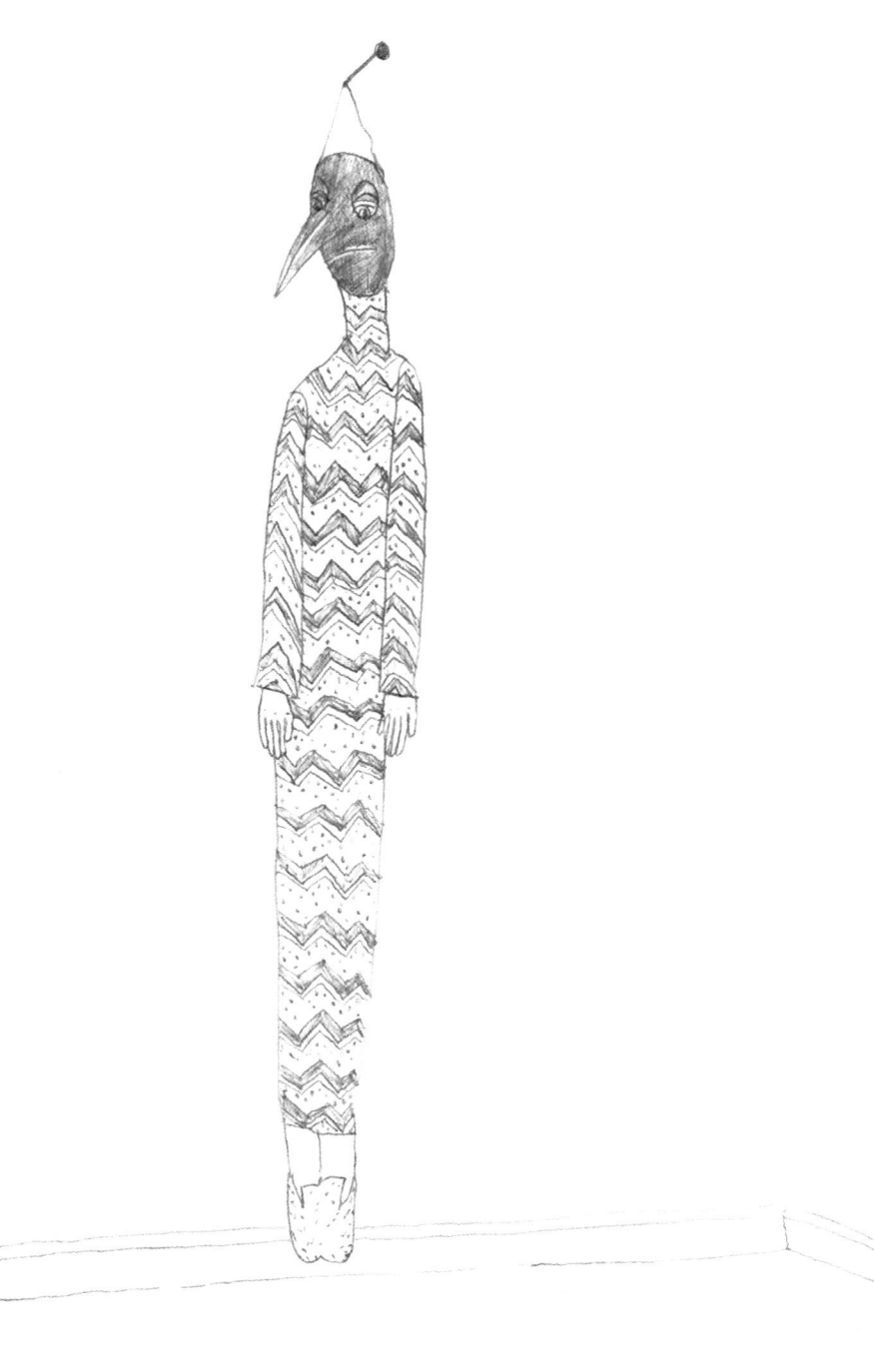

Ou être dans une installation.   30 janvier 2021

Le cri. 2 février 2021

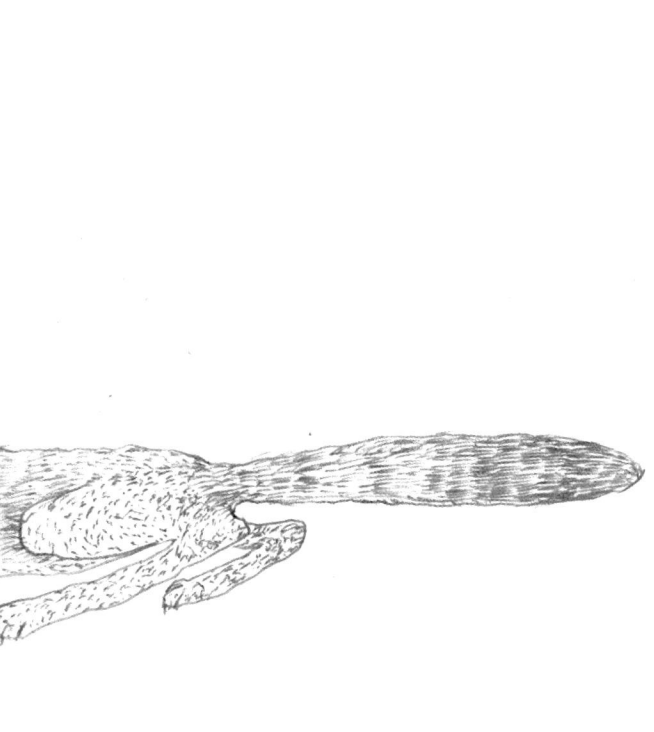

Il est 22 heures.   3 février 2021

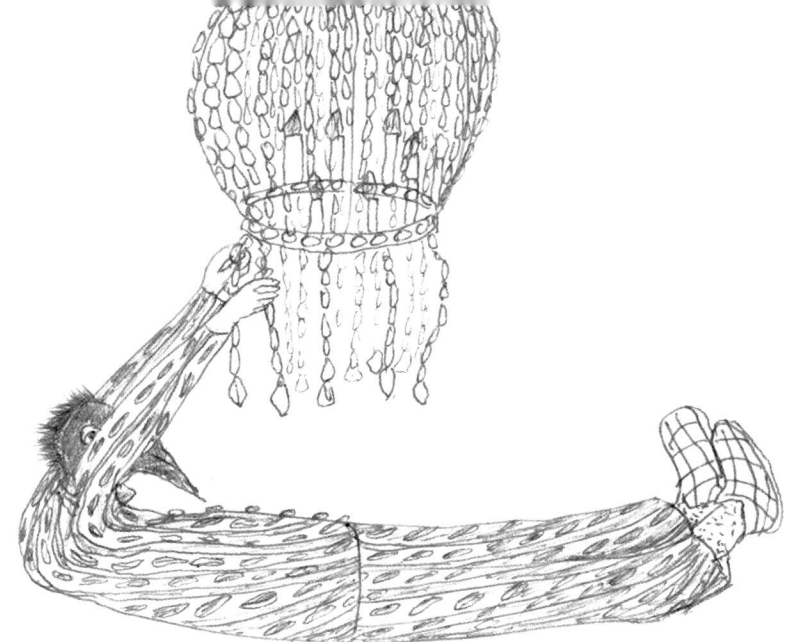

Lâcher prise. 4 février 2021

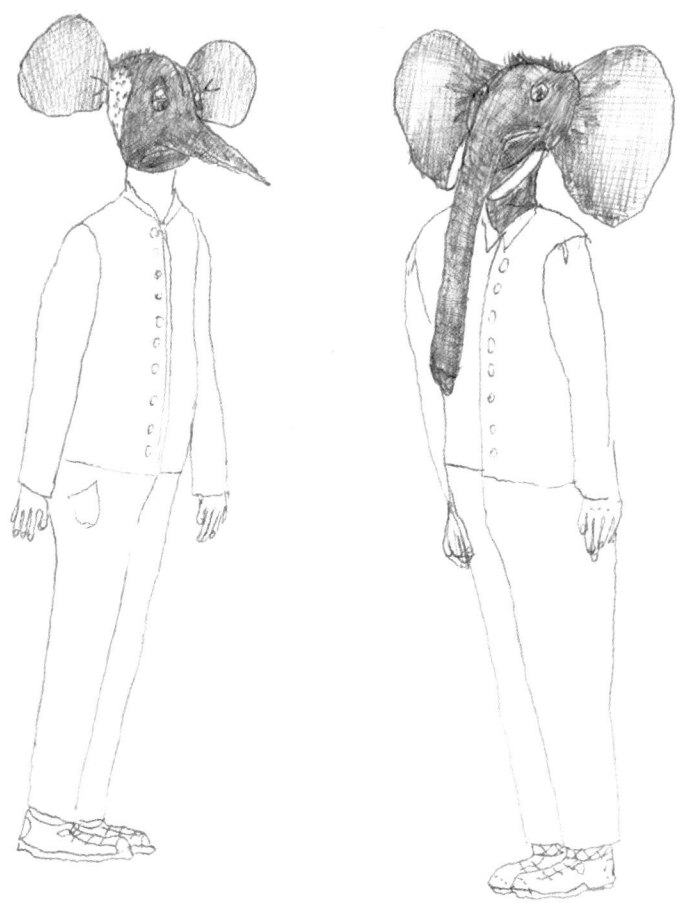

« Il paraît que le variant sud-africain est très contagieux. »   5 février 2021

Hello ! 7 février 2021

22h20. 17 février 2021

« On le savait pourtant que c'était interdit… »   19 février 2021

« Excusez-moi Monsieur, je crois que vous avez mal mis votre masque. » 23 février 2021

« *Es-tu au courant que Jacques ne porte pas de masque ?* »   5 mars 2021

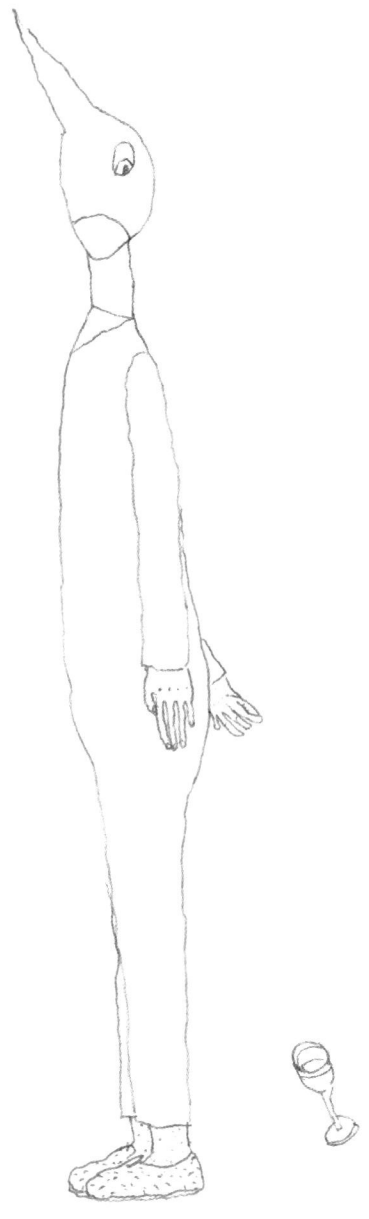

Flagrant délit.　12 mars 2021

AstraZeneca…, Moderna…, Pfizer…, Johnson & Johnson… 18 mars 2021

« *Il y a des jours meilleurs que d'autres.* »   27 mars 2021

Pique-nique dominical. 28 mars 2021

Autre solution…   9 avril 2021

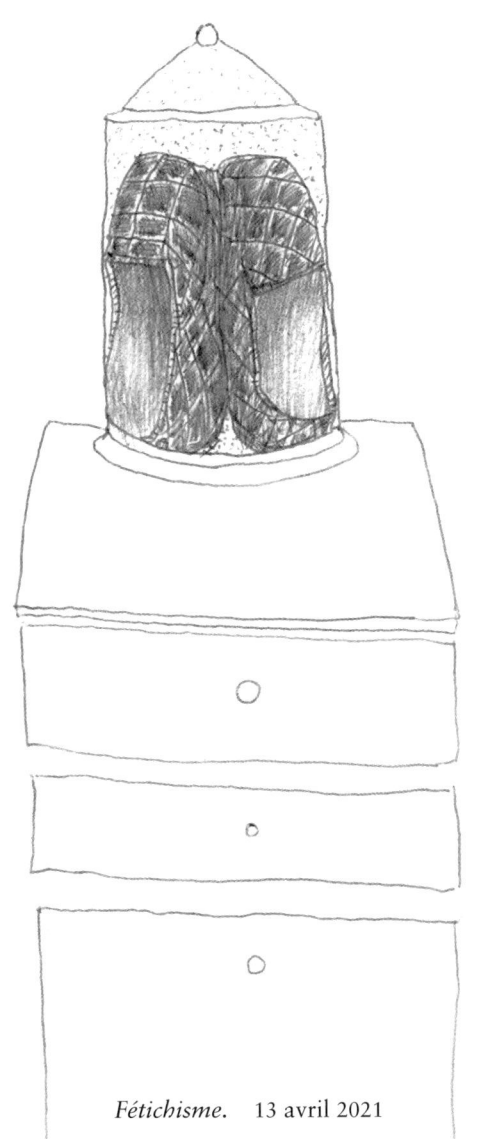

Fétichisme. 13 avril 2021

« *Bonjour !* »   14 avril 2021

Ne pas perdre l'élégance de vue. 15 avril 2021

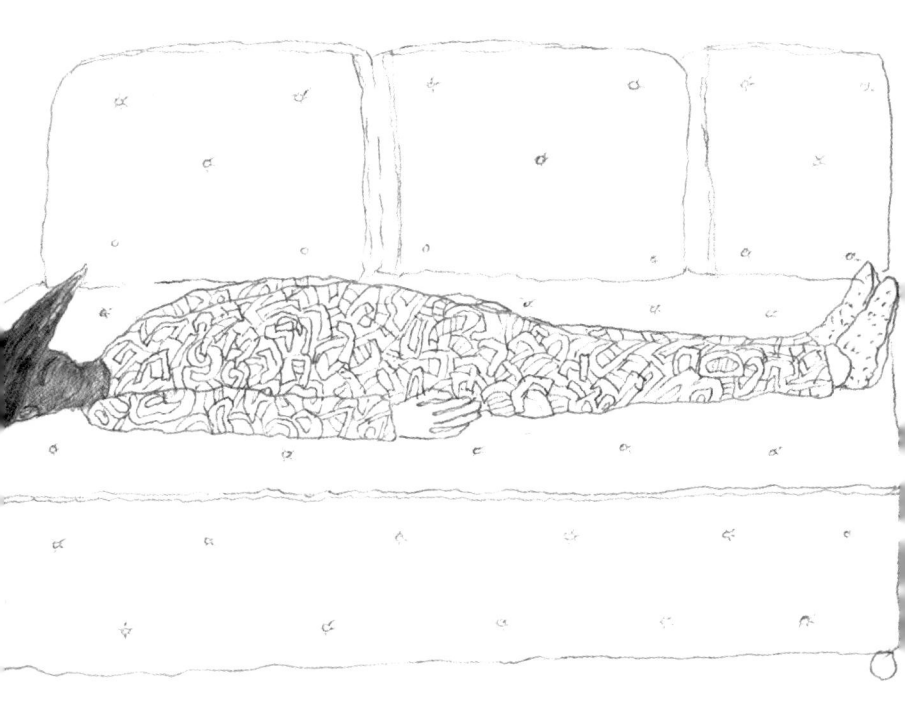

Autre solution, le voyage intérieur.   20 avril 2021

Autre solution, le nain de jardin, réincarnation.   23 avril 2021

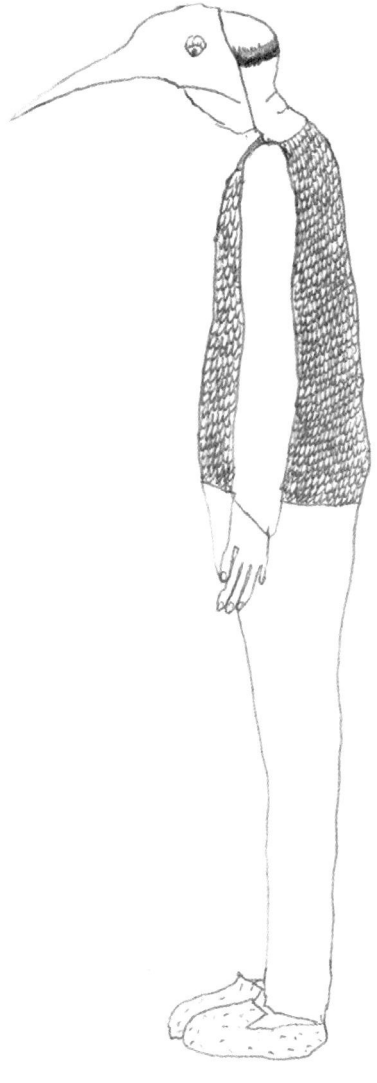

« *Je me demande si je n'ai pas perdu le sens de l'humour.* »   24 avril 2021

Pourquoi une terrasse ? 9 mai 2021

Petite euphorie en contre-jour.   10 mai 2021

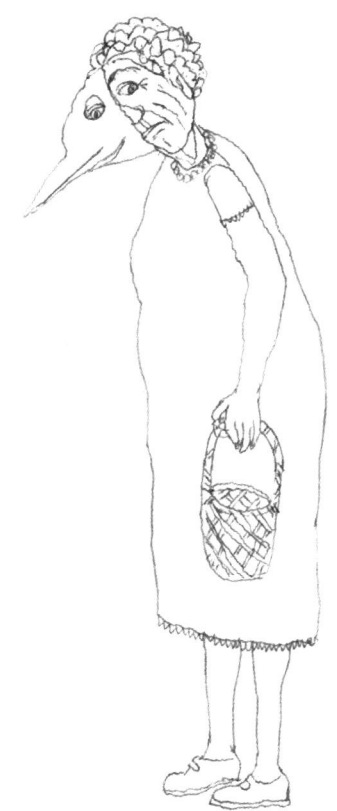

« *Je préfère garder mon masque !* »   11 mai 2021

Changement climatique ? 25 mai 2021

À mon Sumo

Mise en page : Thomas Merle & Anne Wolfers

© 2022 Anne Wolfers / Ante Post a.s.b.l.
responsable des éditions de La Lettre volée
146 avenue Coghen
B-1180 Bruxelles

www.lettrevolee.com
Dépôt légal : Bibliothèque royale de Belgique
2ᵉ trimestre 2022 – D/2022/5636/2
ISBN 978-2-87317-595-5

Cette publication a pu être réalisée grâce au soutien
de la Fédération Wallonie-Bruxelles.